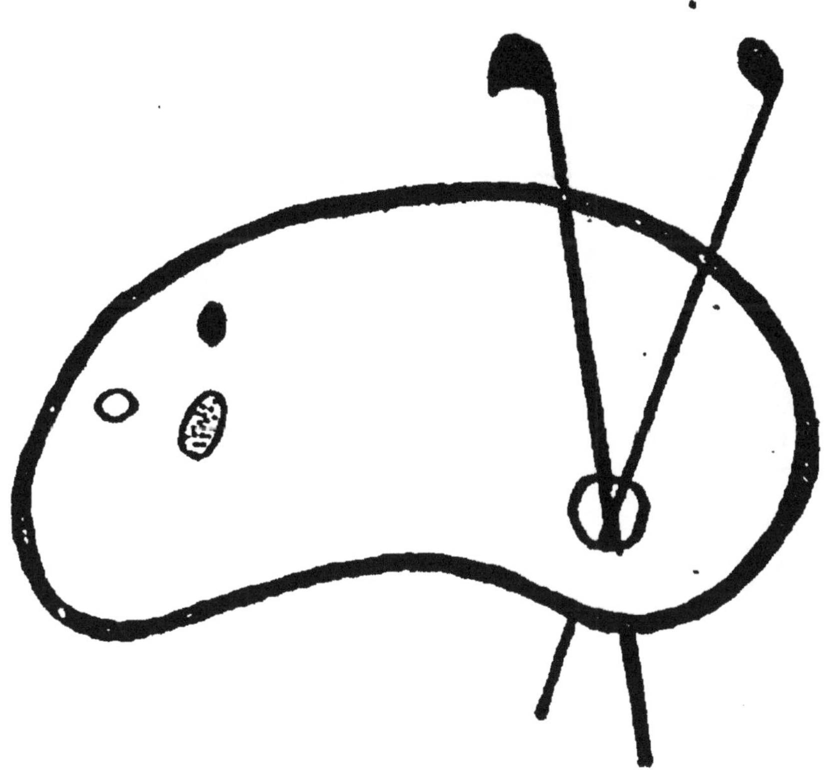

DEBUT D'UNE SERIE DE DOCUMENTS
EN COULEUR

L'ALSACE FRANÇAISE

PAR

PUBLICOLA

Imprimerie ◇ ◇ ◇
Vve Guérel & Fils ◇
104, Avenue ◇ ◇ ◇
Victor Hugo - Paris ◇

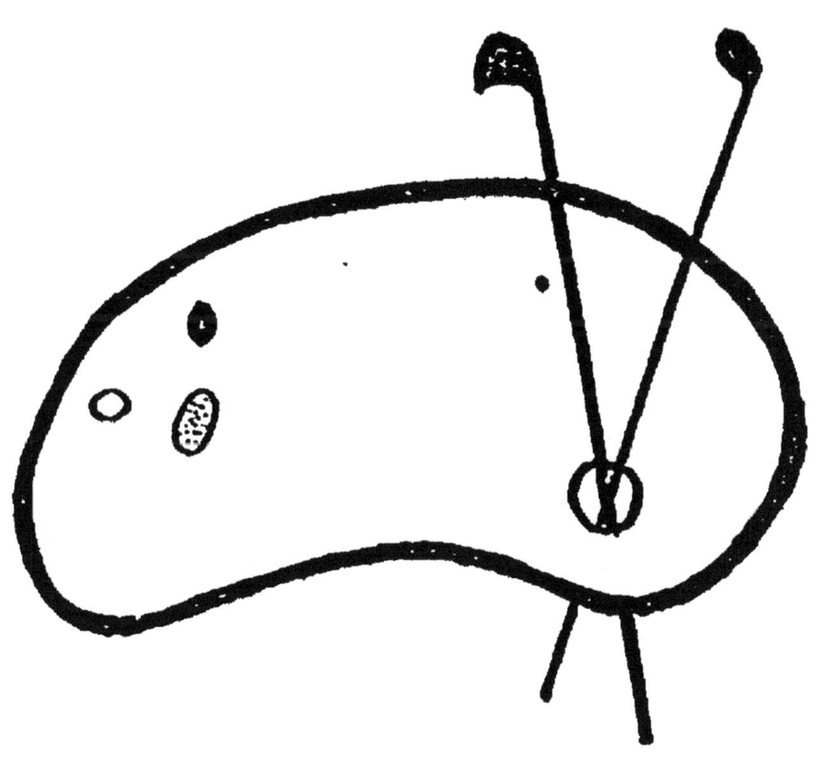

FIN D'UNE SERIE DE DOCUMENTS
EN COULEUR

L'ALSACE FRANÇAISE

Vive la France!

Voilà le cri de tout cœur patriote, du Rhin aux Pyrénées, des Alpes à l'Océan!

Par son énergie, par son labeur infatigable, par son esprit d'initiative, la France d'Europe a repris, sur tout le globe terrestre, sa place prépondérante parmi toutes les nations, prépondérance créée par Charlemagne, puis légitimée par son génie national.

La France mondiale comprend une superficie de quatorze millions de kilomètres carrés, c'est-à-dire environ vingt-cinq fois la superficie de la France d'Europe. C'est là ce qui constitue : d'abord la France d'Afrique, d'Alger au Congo, et de Tunis au Sénégal; puis la France d'Asie, de Saïgon à la Chine; ensuite la grande île française, Madagascar; et enfin le groupement des îles d'Océanie et d'Amérique.

Dans cet immense territoire, environ 100 millions d'êtres humains vivent à l'abri du noble drapeau de France, gouvernés par des Français d'Europe. Tous jouissent des bienfaits de la civilisation, qui existe dans ce pays de haute culture intellectuelle, qui s'étend du Rhin à l'Atlantique, et dont la capitale est Paris.

Vive la France d'Europe et d'Outre-Mer!

A cette France, que nous qualifions à bon droit : reine du monde, il manque un lambeau de terre sur lequel vivent *des frères exilés*. On a volé la Patrie, on a arraché à la famille française quelques-uns de ses meilleurs enfants. Depuis trente ans, des cœurs, qui battent à l'unisson du nôtre, souffrent, les uns de se courber sous le joug de l'oppresseur, les autres de ne pouvoir contempler le ciel de leur enfance ou prier sur la tombe des ancêtres.

L'Alsace est un pays de France, par sa situation, par l'histoire, par ses affections, par ses mœurs, même par sa langue. Il est temps que la justice immanente vienne punir la violation du droit, commise par le traité de Francfort en 1871. Soit par la diplomatie, soit hélas! par la guerre, l'Alsace doit redevenir un pays de France; il y va de notre honneur et de notre gloire, car, comme le dit très bien le grand poète français, Victor Hugo :

> C'est à nous ce Haut-Rhin où la Gaule apparaît!
> J'en atteste l'été, le printemps, la forêt,
> Les astres toujours purs, les roses toujours neuves,
> Et le ruisselant d'émeraudes des fleuves.
> J'en atteste l'épi doré, le nid d'oiseau,
> Et le petit enfant qui, nu dans son berceau,
> Joue avec son pied rose en attendant la France.
> J'en atteste l'œil bleu de la sainte espérance,
> L'honneur, le droit, l'autel où l'on prie à genoux...
> Cette Lorraine et cette Alsace, c'est à nous!
> Là rêva Gutenberg, là se dressa Lothaire;
> Ce ciel est notre azur, ce champ est notre terre.

Nous allons prouver, dans cet opuscule, que l'Alsace a toujours été réputée pays de France, et que la limite naturelle de la France est la rive gauche du Rhin.

.*.

« Ce fut la gloire de César d'avoir rejeté les Germains au delà du Rhin. » C'est ainsi que s'exprime le savant français Gaston Boissier, dans son livre si documenté, *Cicéron et ses amis*. On sait, par ailleurs, que César avait un profond mépris pour les Germains; il les appelait de ce nom si odieux à l'antique Rome : *les Barbares*; nom qu'il n'a jamais donné aux Gaulois et aux Francs, auxquels il a toujours reconnu la valeur militaire et un certain vernis de civilisation, Tous ses écrits en témoignent.

Il n'est pas sans intérêt de rappeler ici qu'à Rome, Florence et Naples, le mot *tedescho* (tudesque) est particulièrement odieux aux oreilles italiennes, et que son sens vulgaire est presque celui de « barbare », selon la langue des vieux Romains.

Au surplus, qu'était-ce que la France actuelle d'Europe, sous la domination du vaste Empire de Rome? Une simple préfecture, comme la préfecture du Pas-de-Calais, ou autre : elle s'appelait la Préfecture de la Gaule. Et tous les documents que l'on peut consulter à ce sujet prouvent que cette préfecture avait pour limite *le Rhin*. Metz et Strasbourg en faisaient donc partie; Metz et Strasbourg appartiennent donc à la vieille Gaule, c'est-à-dire, en style moderne, à la France d'Europe. Ces deux villes et leurs dépendances doivent vivre confraternellement dans notre famille française, leur place y est de droit. Elles doivent jouir des bienfaits de notre civilisation, qui prime toutes les autres, quoi qu'en disent les ennemis ou les jaloux de la patrie française; car c'est incontestablement en France où il y a le plus de liberté et le plus de bien-être, et où le pauvre a conservé le plus de dignité. Les Alsaciens et les Lorrains doivent, au même titre que les Français, participer à notre influence, à notre richesse, à notre civilisation, même à notre domination mondiale, en ce qui concerne la France d'Afrique, la France d'Asie, la grande ile de France, Madagascar, et les iles coloniales d'Océanie et d'Amérique, vivant sous le noble drapeau de France.

Veut-on des preuves historiques que le Rhin est la ligne de séparation entre la Gaule et la Germanie?

Ecoutez les deux plus grands historiens de la vieille Rome. César, dans ses *Commentaires*, écrit : « La Gaule comprend tous les pays situés à l'ouest du Rhin. » Le grave Tacite, si concis dans ses *Annales historiques*, n'hésite pas à dire que : « La Gaule est séparée de la Germanie par le Rhin. » Et il ajoute plus loin : « Le Rhin était la limite de la Gaule, limite tracée par la nature. »

Ces arguments sont péremptoires, ce me semble. Qui voudrait les contester encourrait le risque de se voir reprocher les deux vices les plus lamentables de la vie humaine : la haine et l'ignorance.

**

Au IIe siècle de l'ère chrétienne, la Gaule ancienne était divisée en plusieurs provinces. La province du nord s'appelait la Belgique; elle comprenait tout le territoire situé entre la Marne et la rive gauche du Rhin. Metz et Strasbourg appartenaient à cette province que l'on ne peut guère qualifier de province germaine, car les historiens vous diront qu'à cette époque la Gaule était divisée en quatre gouvernements :

1° La Belgique, du Rhin à la Marne ;

2° La Celtique, des sources du Rhin et du Rhône à l'Océan Atlantique ;

3° L'Aquitaine, de la Garonne aux Pyrénées;

4° La Province romaine des Cévennes, de Lyon et Toulouse à la Méditerranée.

Qui ne reconnaît à ces indications, notre France, la vraie France, à qui les Anglais ont arraché la Belgigue en 1815, et à qui la Prusse a volé l'Alsace-Lorraine en 1871?

Victor Hugo l'a dit avec vérité :

Ainsi nous n'avons plus Strasbourg, nous n'avons plus
Metz, la chaste maison des vieux Francs chevelus!
Ces villes, ces cités, déesses crénelées,
Ce teuton nous les a tranquillement volées,

Un docte Allemand de la Forêt Noire, à cheveux hirsutes, à poil roux et à lunettes d'or, vous répondra triomphalement : « Il est vrai, qu'à l'origine de la formation des puissances européennes, l'Alsace était gauloise; mais depuis Charlemagne, elle s'est attachée à l'Empire, elle en a formé une partie intégrante; c'est seulement par des circonstances particulières et temporairement qu'elle a vécu sous la domination française. »

Voilà, à peu près, le langage que vous tiennent tous les Teutons que vous rencontrez de par le monde! Il me souvient d'avoir entendu, maintes fois, ce raisonnement dans la bouche des Allemands que j'ai fréquentés dans mes voyages en Europe et en Amérique. Même un jour, à Puerto-Barrios, port de Guatémala, sans la sagesse calme d'un consul français, il y aurait eu, à ce propos, bataille ou duel entre ce consul et un grossier tudesque, se disant officier de l'armée allemande. Ce Prussien nous a cinglé le visage, à nous autres Français, par cette parole terrible : « Nous avons flanqué une rossée aux Français en 1870; nous sommes prêts à recommencer. » Honte à mes concitoyens si cette parole-là ne leur met pas le sang au cœur et le muscle au biceps! Les mots : peur et lâcheté ne sont pas des mots français.

Établissons donc le droit historique de l'Alsace à rester française.

Au ve siècle de notre ère, les Francs, nos ancêtres, habitaient les bords du Rhin et de la Meuse; leur domination s'étendait jusqu'à la Somme, dans ce vieux pays picard, qui était alors la Marche de la Gaule, c'est-à-dire sa frontière militaire.

En ce temps, les Francs et les Gaulois fraternisent, s'unissent, forment cette race glorieuse dont nous sommes les descendants, nous les Français; ils créent la vraie France, et, dès lors, ils poursuivent ensemble des desseins communs; libérer tout le territoire et civiliser tous les habitants, jusqu'aux ignorants.

Le ve siècle a vraiment bercé la France naissante.

A cette époque, Francs et Gaulois repoussent d'abord le Romain vainqueur et dominateur.

Francs et Gaulois s'unissent pour arrêter l'invasion d'Attila et refoulent les Huns vers la Hongrie.

Francs et Gaulois s'acharnent à leur idée commune d'union et d'indépendance; et, en 496, sous la conduite de Clovis, roi des Francs, ils chassent les Allemands *(Alemans)* du territoire franco-gaulois, les battent à Tolbiac (aujourd'hui Zulpich, près de Cologne), et les forcent à repasser le Rhin. *Car la rive gauche du Rhin, c'est la France.*

Les fils de Clovis se partagent ensuite le territoire de la France : Thierry devient roi de Metz; Clodomir, roi d'Orléans; Childebert, roi de Paris; et Clotaire, roi de Soissons. Metz reste donc alors une portion de la France, et parmi les villes importantes du royaume de Metz, on remarque Strasbourg. L'Alsace fournit par conséquent une portion de la terre française.

Voilà pour Clovis, roi des Francs, et ses descendants.

Qu'advint-il de l'Alsace, trois siècles plus tard, sous Charlemagne, notre roi et empereur, créateur de l'unité et de la prépondérance françaises? Strasbourg et l'Al-sace font toujours partie de son domaine impérial; il y créé des écoles et des routes; il visite fréquemment cette région pour laquelle il se sent une dilection particulière. Il y a plus, il la défend victorieusement contre l'envahissement continu et hardi d'Outre-Rhin. Par des victoires successives, il chasse honteusement de la rive gauche du fleuve, les Saxons, les Lombards, les Bavarois; il envahit dix-huit fois l'Allemagne, et finalement lui impose sa domination. Le roi de France devient empereur d'Allemagne, comme. dix siècles plus tard, a fait Napoléon 1er.

A la mort de Charlemagne, l'empire est de nouveau partagé entre ses descendants. Un de ses fils Lothaire gouverne, à l'Est de France, le royaume de Lorraine, qui comprend Metz et Strasbourg. Peut-on prétendre que c'est là une annexion à l'Allemagne? Il serait faux et téméraire de soutenir une pareille thèse.

On argue que Charlemagne était devenu empereur de la Germanie; c'est vrai. Mais il était aussi empereur d'Italie, tout comme Napoléon 1er. Comme le grand Empereur du XIXe siècle, l'empereur Charlemagne avait conquis l'Allemagne et l'Italie, mais il ne s'était pas fait nationaliser ni allemand, ni italien; de même que le général Galliéni, à Madagascar, n'est pas devenu Malgache. On ne pourrait non plus prétendre que M. Doumer est devenu Tonkinois. Charlemagne, Napoléon, Galliéni, Doumer, ce sont les représentants de la race française dominant les autres races, allemandes ou malgaches. Voilà la vérité!

Aussi, en 843, lorsque les descendants de Charlemagne firent le traité de Verdun pour partager le domaine de l'empire, on mit à part la France, la Germanie et l'Italie. Charles fut roi à Paris. Lothaire régna à Metz, d'où le nom de la Lotharinge, la Lorraine; son empire s'étendait d'Anvers à Rome. Tous les deux s'appelaient *rex francorum,* — roi des Francs.

Mais jamais, jusqu'à cette époque, l'insolent Teuton n'avait posé un pied vainqueur et dominateur sur la terre d'Alsace, ni à Metz, ni à Strasbourg, ni même à Aix-la-Chapelle, point terminus français d'où Charlemagne régentait les Saxons.

.•.

Nous voilà au x⁰ siècle ; et nous voyons que jamais la domination allemande n'a prévalu en Alsace. On peut pourtant signaler quelques trahisons, quelques actes déloyaux de la part des Français, devenus, par hérédité, rois de Lorraine,

Ainsi, à la mort de Louis V, roi de France, en 987, presque au xi⁰ siècle, Charles, roi de Lorraine, doit légalement monter sur le trône de France ; mais l'histoire nous apprend qu'il est rejeté par les Notables de Paris parce qu'il s'est fait le vassal de l'Allemagne. Ce n'est point là, à mon sens, un titre noble ou légitime de propriété ou de domination ; ce n'est qu'un acte de pure félonie. Il ne convient point d'y attacher une autre importance. Hugues Capet fut nommé à sa place.

C'est vers 1120, que Louis VI, dit le Gros, créa la France actuelle, avec son unité, en y faisant entrer la force des Francs, le courage des Gaulois, et l'esprit des Romains. Tout ce mélange a produit le peuple français, qui, dans la suite des siècles, a toujours marché à la tête de la civilisation.

La France est dès lors créée ; et, en 1214, Philippe-Auguste la confirme et la fortifie, en remportant, à Bouvines, une victoire sur les Allemands commandés par leur empereur Othon IV.

Voilà les titres français de l'Alsace !

Pour tout esprit juste, ils sont incontestables.

Il est douloureux de l'avouer : on ne peut contester que l'Alsace subit la domination allemande du xiiie siècle au xviie siècle. Mais subir une domination ne signifie pas faire partie du territoire du vainqueur. C'est là un fait résultant de la force brutale et de la conquête.

Par sa situation géographique, l'Alsace est terre française. Par la nature de son sol, elle est terre gauloise. Par le vœu de ses habitants, par leurs aspirations, elle est propriété de France. Par une possession dix à douze fois séculaire, de César à Philippe-Auguste, elle fait corps avec toute la région franco-gauloise, devenue la France.

Quels titres plus légitimes de filiation!

J'ajouterai même que l'on ne parlait pas allemand, en 1870, ni à Metz, ni à Strasbourg. En Lorraine, la langue allemande était totalement inconnue; en Alsace, la classe riche parlait français. Le peuple alsacien, lui, parlait un jargon ou patois qui n'est pas plus l'allemand, que le picard ou le provençal n'est le Français. Le patois populaire est un patois roman qui ressemble à celui des Vosges.

Au surplus, plusieurs parties de l'Alsace parlent un français très pur; par exemple, les vallées de la Brèche et de Villé, dans la Haute-Alsace, et la grande vallée de Schirmeck, dans la Basse-Alsace. Il résulte de l'examen des registres, datés de 1670, époque où l'Alsace fut réintégrée à la France, que la langue française était la langue publique des tribunaux et la langue privée des populations. Tous ceux qui ont voyagé en Alsace affirmeront ces dires. Les habitants de la Montagne parlent couramment le français, notamment dans la vallée de Lapoutrie. Quant aux habitants de la plaine, leur langage est un mélange de mots français et allemands, de même que le patois boulonnais est un mélange de mots français et anglais.

Le Rhin est un fossé creusé par la nature entre deux peuples, par conséquent, naturellement ennemis, et qui n'ont rien de commun. L'un ou l'autre doit dominer l'Europe centrale; et il y aura malaise général tant qu'ils resteront en équilibre. Aussi un orateur espagnol a pu dire en pleine Cortès : « Depuis 1870, depuis que la France a été démantelée, il n'y a plus d'Europe. »

Jamais Berlin ne décapitera Paris.

.*.

Sous l'empereur Charles-Quint, au xvi* siècle, l'Alsace fait encore partie de l'empire germanique; c'est vrai. Et qui le conteste? Peut-on conclure de cette annexion forcée et passagère que l'Alsace est allemande? Certes non, car il faudrait faire le même raisonnement à l'égard de l'Artois et de la Franche-Comté, qui, à cette époque aussi, se trouvaient sous la dépendance de Charles-Quint, roi d'Espagne et empereur d'Allemagne. Un citoyen d'Arras ou de Besançon serait bien étonné d'entendre soutenir qu'il appartient à la race allemande ou à la race espagnole. Les Artésiens, les Francs-Comtois, les Lorrains et les Alsaciens sont tous, au même titre, de bons et purs Français.

A partir de 1552, tous les territoires d'Alsace et de Lorraine redeviennent successivement rattachés à la France, par des traités particuliers.

En 1630, Louis XIII réunit définitivement la Lorraine à la France. En 1648, le traité de Westphalie reconnaît à l'Alsace le titre de province de France, et la remet sous la puissance du roi Louis XIV. Ce traité a été confirmé en 1678, et en 1697, par les traités de Nimègue et de Riswick.

Depuis cette époque jusqu'en 1870, Metz et Strasbourg n'ont pas cessé de rester françaises. Il importe à l'honneur de la nation que ces filles exilées soient rendues à la mère-patrie, la France.

.·.

J'aborde maintenant une autre question, la question morale et juridique.

Les Allemands ont-ils le droit de s'annexer une terre étrangère, et d'obliger des êtres humains, d'une autre race que la leur, à subir le joug gouvernemental et légal? Le droit de conquête est-il toujours légitime? Ont-ils rempli, à cet égard, les conditions imposées par la loi naturelle? Une annexion pure et simple est-elle conforme au droit constitutionnel de la France, et notamment à la loi salique?

Voilà les différentes questions que nous allons examiner très succinctement!

Tout homme civilisé est libre de choisir sa patrie; tout propriétaire est maître de son champ, et l'on ne peut l'exproprier que pour des causes légitimes et dans un but d'intérêt public.

Étant donnés ces principes de droit naturel, il est difficile d'admettre le droit qu'ont exercé les Allemands, lorsqu'ils ont forcé les Alsaciens ou à quitter leurs champs ou à devenir Prussiens. Ces Teutons ont traité nos frères d'Alsace comme nous traitons les noirs sauvages d'Afrique. Quelle injure!

De plus, notre droit ancien, basé sur la loi salique, défendait au roi de donner une province, même par conquête, sans le consentement des habitants. C'était là une loi fondamentale de la France, que n'ont point aboli nos Constitutions modernes; elles l'ont plutôt confirmée, en décrétant l'égalité complète des citoyens. En vertu de quel droit, des citoyens disposeraient-ils de la propriété et de la liberté d'autres citoyens?

Voilà d'ailleurs le droit français, basé sur le droit naturel : *Toute cession du territoire français est nulle, quand elle est faite sans le consentement des habitants du territoire cédé.*

En conséquence de cette règle fondamentale de notre Droit français, le traité de Francfort est radicalement nul, parce que les Alsaciens-Lorrains n'ont pas été consultés.

Au surplus, cette théorie a été appliquée sous le roi Jean, devenu prisonnier des Anglais, et sous le roi François Ier, devenu prisonnier des Impériaux. Les traités signés par eux n'ont pas été ratifiés par la nation.

En 1526, par le traité de Madrid, François Ier prisonnier abandonne la Bourgogne à l'Espagne. Les députés de la Bourgogne protestèrent aussitôt; ils déclarèrent que le roi n'avait pas le droit absolu de démembrer une province de sa monarchie. L'acte de Cognac de 1526 et le lit de justice tenu le 19 décembre 1527 annulèrent cette prétendue donation du roi-prisonnier.

Faut-il rappeler que les Etats-Géneraux réunis à Tours en 1505, annulèrent aussi le Traité de Blois, par lequel Louis XII donnait la Bourgogne et la Bretagne à Charles Quint?

Qu'avons-nous fait autre chose en 1860, lors de l'annexion de la Savoie? Les Savoisiens, en citoyens libres, sont tous venus déclarer que leur volonté était de devenir Français.

Pourquoi serait-il permis aux Prussiens d'enfreindre un droit naturel si respectable, si bien fondé sur la nature humaine, sur la tradition nationale et sur la Constitution française?

ÉPILOGUE

Il convient de rappeler ici que la Convention de 1793, — cette assemblée républicaine qui a sauvé la France de l'invasion étrangère, et qui l'a dotée des écoles supérieures qui font encore aujourd'hui sa force intellectuelle, — il convient donc de rappeler ici que cette même Convention a réalisé le vœu de tout Français patriote. Par le traité de Bâle et de la Haye, elle a donné à la France toute la rive gauche du Rhin. A cette époque, comme au temps de Charlemagne, Strasbourg, Metz, Cologne et Aix-la-Chapelle appartenaient à la mère-patrie de France, rejetons arrachés à leur mère par le barbare et brutal Prussien.

Quand le Droit appuyé par la Force ou la Diplomatie rétablira-t-il les bornes naturelles des agglomérations filiales?

Quelle solution proposez-vous? dira-t-on.

Est-ce la guerre? Oui, si les circonstances le permettent, et si nous prenons à cœur d'avoir la première armée de l'Europe. Il convient pour cela d'avoir un gouvernement fort, et de bouter dehors les sans-patrie et les cosmopolites.

Si l'esprit militaire n'existe plus, pas de guerre; mais faisons agir la diplomatie.

Deux moyens s'offrent à nos diplomates pour solutionner la question.

Ou bien réunir un congrès qui forcera l'Allemagne à rendre neutre l'Alsace-Lorraine; cette solution n'est pas à dédaigner. Les esprits sages des deux côtés du Rhin peuvent y adhérer.

Ou bien isoler tellement l'Allemagne qu'elle se sente obligée de nous rendre l'Alsace pour conserver sa vie propre et sa grandeur commerciale. Pour cela, il faut nous rapprocher de l'Angleterre et de l'Italie, et entretenir de bons rapports avec l'Autriche et les États-Unis. On sait que l'Autriche est menacée par le Pangermanisme, et qu'elle supporte avec peine le joug de son vainqueur de Sadowa. Il importe que Paris et Vienne s'unissent contre l'ennemi commun. La conservation de l'Autriche-Hongrie est indispensable à l'équilibre européen. Je ne parle pas de l'alliance russe qui restera le pivot de toute cette ligne de conduite. Pourquoi ne ferait-on pas une Triplice austro-franco-russe, tout en conservant de bons rapports d'amitié et de commerce avec l'Italie et l'Angleterre? Là est le problème d'avenir. La conséquence de cette politique, ce serait d'amener à la longue l'indépendance de la Bavière, et de détruire ainsi l'unité allemande.

Enfin, il faut à tout prix détruire l'influence allemande en Asie Mineure, et amoindrir le plus possible la puissance turque qui est néfaste à l'Europe, à la France, et qui aura toujours une tendance allemande, par crainte de la Russie et de la France.

Voilà l'avenir! *Laboremus.*

.•.

Je ne puis mieux terminer ce petit opuscule qu'en adressant aux Allemands ces paroles prononcées au xviie siècle par un orateur faisant l'éloge de Turenne :

« Peuples que le Rhin sépare de nous, unissez-vous;

sortez de vos forêts et de vos neiges pour venir inonder les doux climats de la France; cercles de l'Empire, unissez toutes vos forces; *vous serez vaincus;* et il ne vous restera que de tristes et malheureux débris de vos armées, qui iront annoncer à leur pays, épuisé d'hommes et de soldats, votre défaite et *la grandeur de la France !* »

Voilà une prophétie de bon augure pour la prochaine guerre!

Français! Haut les cœurs!

Vive l'Alsace française!

Vive la France d'Europe!

Vive la France d'Outre-Mer!

Que l'union devienne intime, forte et efficace, entre les 100 millions d'hommes qui vivent *sur le Globe terrestre,* sous le noble drapeau de France!

Paris, Juin 1907.

PUBLICOLA.

PROTESTATION DES DÉPUTÉS
DE L'ALSACE ET DE LA LORRAINE
Déposée sur le bureau de l'Assemblée Nationale de France, en mars 1871.

Les représentants de l'Alsace et de la Lorraine ont déposé, avant toute négociation de paix, une déclaration affirmant de la manière la plus formelle, au nom de ces provinces, leur volonté et leur droit de rester françaises.

Livrés, au mépris de toute justice et, par un odieux abus de la force, à la domination de l'étranger, nous avons un dernier devoir à remplir.

Nous déclarons encore une fois nul et non avenu un pacte qui dispose de nous sans notre consentement.

La revendication de nos droits reste à jamais ouverte à tous et à chacun dans la forme et la mesure que notre conscience nous dictera.

Au moment de quitter cette enceinte, où notre dignité ne nous permet pas de siéger, la pensée suprême que nous retrouvons au fond de nos cœurs est une pensée d'inaltérable attachement à la patrie dont nous sommes violemment arrachés.

Nous vous suivrons de nos vœux, et nous attendrons avec confiance que la France, régénérée, reprenne le cours de sa grande destinée. Vos frères d'Alsace et de Lorraine, séparés en ce moment de la famille commune, conserveront à la France absente de leurs foyers une affection filiale jusqu'au jour où elle voudra y reprendre sa place.

SIGNATURES DES REPRÉSENTANTS DES DÉPARTEMENTS DU HAUT-RHIN, DU BAS-RHIN ET DE LA MOSELLE, GAMBETTA, KELLER, etc.

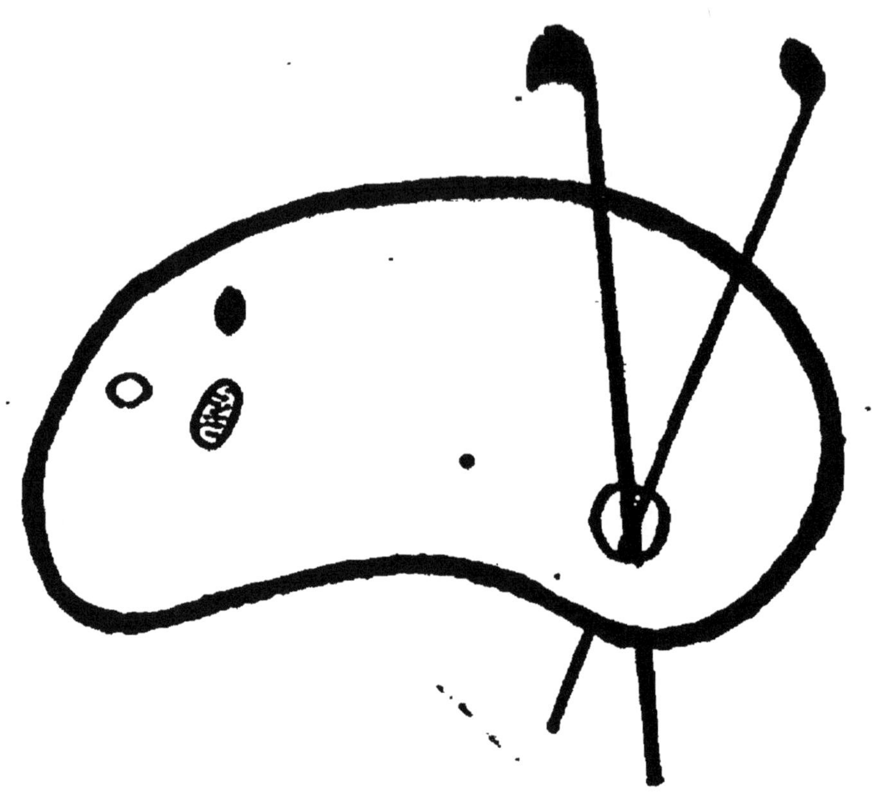

ORIGINAL EN COULEUR
NF Z 43-120-8